INDICE

INTRODUZIONE

Questo lavoro nasce come completamento del percorso quadriennale della laurea in "Scienze della Formazione Primaria", svoltosi presso l'Università degli studi della Basilicata di Matera.

Esso è maturato dalla riflessione personale sul mondo dell'infanzia e delle sue problematiche, legate, nella fattispecie, all'alimentazione vista sia come elemento imprescindibile della nostra vita, che, molto spesso, come "un nemico" con il quale si instaura un rapporto conflittuale, e dall'esigenza di collocarsi in modo significativo dentro i processi sociali, culturali, pedagogici ed educativi attuali riguardanti questo argomento.

Nel primo capitolo affronterò il tema dell'educazione alimentare considerata come una vera e propria materia scientifica, quindi vista in un'ottica disciplinare e didattica, nonché metodologica, per poi soffermarmi sui principali problemi legati ad essa, quale l'obesità, e le strategie per il trattamento. Parlerò delle caratteristiche di una corretta alimentazione e i vari errori che vengono commessi.

Nella seconda parte, invece, ho approfondito tutto ciò che fa riferimento all'etichettatura nutrizionale dei prodotti alimentari che danno un contributo fondamentale e un approccio più consapevole per le scelte alimentari, atto a facilitare un maggior rispetto delle raccomandazioni per una sana alimentazione. Inoltre, ho constatato come l'alimentazione non sia da considerarsi esclusivamente un bisogno primario di nutrizione dell'essere umano, ma anche uno stato di benessere fisico e di conseguenza psicologico.

Il terzo capitolo l'ho rivolto essenzialmente all'insegnamento dell'educazione alimentare che ha l'obiettivo di istruire la popolazione sulla conoscenza del settore agroalimentare, toccando tanto gli aspetti tecnologici quanto quelli nutrizionali e gastronomici, al fine di diffondere una cultura alimentare e di promuovere comportamenti alimentari benefici per la salute. In poche parole si tratta di conoscere ciò che mangiamo e che effetti può avere sulla nostra salute. In più ho specificato tutti i percorsi didattici che si possono attuare per la scuola dell'infanzia.

Il quarto ed ultimo capitolo di questo lavoro, l'ho dedicato interamente all'alimentazione del bambino dai 3 ai 6 anni. Questo perché la mia specifica formazione è incentrata su bambini di scuola dell'infanzia, quindi ho ritenuto opportuno parlare di loro, dei loro fabbisogni nutrizionali, della loro tipica giornata alimentare, di come leggere e interpretare la loro etichettatura di prodotti alimentari, ho definito il loro mangiare a scuola con la ristorazione scolastica e infine dell'alimentazione in cui essa non ha più il solo significato di nutrire il corpo ma anche quella di stabilire un rapporto, una comunicazione. Questo fenomeno che ha inizio in una età molto precoce continua nell'età evolutiva e se i problemi relazionali, le comunicazioni conflittuali non si risolvono, rimangono sotterranei, occulti, non dichiarati.

CAPITOLO I

L'EDUCAZIONE ALIMENTARE

L'educazione alimentare è un disciplina scientifica usata sia come strumento di prevenzione e promozione della salute sia come materia di insegnamento didattico. Questa doppia funzione è dovuta alla varietà delle tematiche abbracciate da questa dottrina e all'impatto che essa può avere sui comportamenti alimentari della popolazione, quindi sul suo stato di salute. Per questo essa è una materia molto importante, al pari della matematica e delle lettere: se non si è capaci di leggere, scrivere e contare non è facile orientarsi nel mondo, così come non si avrà certo vita facile e buona salute se non si è capaci di mangiare bene e se non si conosce ciò che si mangia.

L'OMS[1] (Organizzazione Mondiale della Sanità) e la FAO (Food and Agriculture Organization) hanno dato una precisa definizione di educazione alimentare: processo informativo ed educativo per mezzo del quale si persegue il generale miglioramento dello stato di nutrizione degli individui, attraverso la promozione di adeguate abitudini alimentari, l'eliminazione dei comportamenti alimentari scorretti, l'utilizzazione di manipolazioni più igieniche degli alimenti ed un efficiente utilizzo delle risorse alimentari.

Un'alimentazione sana è quella che fornisce tramite gli alimenti assunti quotidianamente la quantità di nutrienti che corrisponde al proprio fabbisogno.

[1] L'Organizzazione mondiale della sanità (OMS, o World Health Organization, WHO in inglese), agenzia specializzata delle Nazioni Unite per la salute, è stata fondata il 7 aprile 1948, con sede a Ginevra. L'obiettivo dell'OMS, così come precisato nella relativa costituzione, è il raggiungimento da parte di tutte le popolazioni del livello più alto possibile di salute, definita nella medesima costituzione come condizione di completo benessere fisico, mentale e sociale, e non soltanto come assenza di malattia o di infermità. L'OMS è governata da 193 stati membri attraverso l'Assemblea mondiale della sanità (WHA), convocata annualmente in sessioni ordinarie nel mese di maggio. Questa è composta da rappresentanti degli stati membri, scelti fra i rappresentanti dell'amministrazione sanitaria di ciascun paese (ministeri della sanità). Le principali funzioni dell'Assemblea consistono nell'approvazione del programma dell'organizzazione e del bilancio preventivo per il biennio successivo, e nelle decisioni riguardanti le principali questioni politiche. È un soggetto di diritto internazionale vincolato, come tale, da tutti gli obblighi imposti nei suoi confronti da norme generali consuetudinarie, dal suo atto istitutivo o dagli accordi internazionali di cui è parte. Cfr: Oronzo S., *L'ordinamento e l'organizzazione della sanità*, Franco Angeli, Milano, 2007.

Dobbiamo fare una distinzione tra alimentazione e nutrizione. Per alimentazione si intende l'assunzione per via orale degli alimenti semplici e composti; per nutrizione intendiamo quel processo attraverso il quale i nutrienti vengono estratti dagli alimenti attraverso il processo della digestione e assorbiti dall'intestino. E' opportuno quindi che i nutrienti contenuti negli alimenti siano assunti in quantità e qualità tali da essere in relazione con i bisogni dell'organismo, che ha pur sempre dei limiti nella propria capacità di adattamento ad un'introduzione che si discosti eccessivamente dalle necessità reali. Se questi limiti sono ripetitivamente superati o non raggiunti, si può instaurare una condizione di rischio, che nel tempo può trasformarsi in manifestazione morbosa.

La nutrizione, come tutte le scienze, è in continua evoluzione e l'acquisizione di nuovi dati e nuovi studi fa sì che le raccomandazioni per una dieta corretta vengano periodicamente aggiornate in funzione delle nuove conoscenze.

Uno schema utilizzato per visualizzare quali sono le proporzioni di alimenti

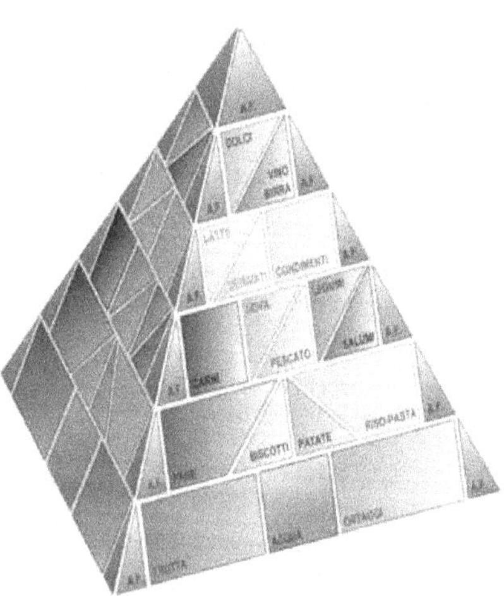

che è consigliabile assumere è quello delle piramidi alimentari[2]. Si tratta di piramidi divise da piani che delimitano dei volumi. Ad ogni settore coincide una tipologia di alimento e la sua relativa quantità, compresa l'acqua, ed eventualmente anche la quantità di attività motoria come elemento fondamentale,

[2] la **piramide alimentare italiana**, che elaborata dall'Istituto di Scienza dell'Alimentazione dell'Università di Roma "La Sapienza", indica i consumi alimentari giornalieri consigliati. Vengono date indicazioni sulle quantità di cibo da consumare ogni giorno secondo il criterio della quantità benessere QB.

complementare ed imprescindibile, dalla componente alimentare. I volumi maggiori della piramide trovano gli alimenti che possono essere consumati in quantità maggiore. Proseguendo troviamo quei cibi il cui consumo deve essere progressivamente più limitato.

Esistono diverse versioni della piramide alimentare, che riflettono diverse teorie scientifiche in merito. Descrivendo brevemente una delle piramidi a frazionamento orizzontale vediamo che alla base della piramide si trova l'acqua, poi frutta e ortaggi, essenziali per l'apporto in vitamine e minerali, ma anche di fibre, importanti non per la funzione nutriente ma per il mantenimento della funzione digestiva dell'intestino. Al terzo piano si trovano i cibi ricchi in carboidrati complessi (pasta, pane, riso, cereali) che in molti regimi alimentari dovrebbero rappresentare la maggiore fonte di energia. Al quarto piano si trovano gli alimenti proteici (carne, pesce, uova, legumi). Al quinto piano si trovano latte e derivati, e al sesto i grassi (olio e burro): questi alimenti, in condizioni metaboliche e di attività medie vanno consumati in quantità limitate anche perché hanno una densità energetica maggiore (cioè a parità di peso forniscono più calorie delle altre categorie di alimenti). All'apice troviamo vino e birra, ed infine i dolci.

In molti casi la piramide alimentare viene combinata con consigli per un'adeguata attività fisica, altro elemento insieme alla dieta che permette di mantenersi in salute. Questo tipo di schema viene definito "piramide alimentare-motoria".

1.2 ECCESSO PONDERALE

Dal secondo dopoguerra in poi in Italia i consumi alimentari hanno fatto registrare dei forti cambiamenti sotto l'aspetto quali-quantitativo, che hanno portato ad un progressivo arricchimento sul piano energetico e nutrizionale del regime alimentare.

A partire dagli anni '60 (come si evince dal confronto dei dati ISTAT sulla disponibilità al consumo pro-capite di alimenti) si incrementa decisamente il consumo dei grassi a scapito dei carboidrati, e il valore energetico medio della razione alimentare comincia a superare i livelli raccomandati.

La modifica dei consumi alimentari, pur così rilevante, è solo uno dei tratti più salienti di una concomitante globale trasformazione dello stile di vita, che, adattandosi alle diverse esigenze conseguenti alla evoluzione della società in senso tecnologico-industriale e alla diffusione del benessere economico, diventa sempre meno dispendioso sul piano energetico.

Pertanto, in un periodo di tempo del tutto insignificante per dar luogo a eventuali adattamenti fisiologici, l'organismo umano si è trovato a far fronte a una situazione nuova, tendente a favorire la positivizzazione del bilancio energetico con entrambe le variabili in causa: da un lato la accresciuta disponibilità di energia, dall'altro la tendenza sempre più diffusa alla sedentarietà.

Un aumento delle entrate associato ad una riduzione delle uscite non poteva che portare ad un forte incremento della prevalenza dell'obesità e del sovrappeso.

La diffusione delle suddette condizioni ha anche consentito di verificare che esse non rappresentano un fatto isolato, e quindi semplicemente estetico, ma piuttosto un vero e proprio problema di salute, in quanto spesso si associano a vari disturbi o patologie, tra cui soprattutto l'ipertensione arteriosa, l'ipercolesterolemia, il diabete non insulino-dipendente e le coronaropatie.

Si spiega così perché le linee guida per una sana alimentazione italiana[3], messe a punto dall'Istituto Nazionale della Nutrizione diffuse per la prima volta nel 1986, danno un particolare risalto alla raccomandazione "attenti al vostro peso".

---

[3] http://www.inran.it/648/linee_guida.html

A supporto di tale raccomandazione viene fatto presente che mantenersi nei limiti del peso normale contribuisce a vivere meglio e più a lungo, essendo l'eccesso ponderale una condizione da rimuovere non solo per ricavarne dei benefici sotto l'aspetto estetico o per una maggiore efficienza fisica ma soprattutto per la salute.

1.3 IL "PROBLEMA ALIMENTARE"

Una corretta alimentazione è alla base di una buona salute. Predisposizione genetica, ambiente di vita e alimentazione sono infatti i tre fattori principali che condizionano la salute di ogni individuo.

Salute e qualità della vita sono strettamente intrecciate. È chiaro pertanto che la diffusione di una corretta informazione alimentare, che comprenda sia un'adeguata consapevolezza dei rischi per la salute che un'alimentazione errata comporta sia validi principi di igiene alimentare, è di importanza fondamentale per migliorare la qualità della vita complessiva della comunità.

Negli ultimi anni, si è intensificata l'attenzione dell'opinione pubblica verso il "problema alimentare". Secondo i dati forniti dall'Oms, globalmente nel 2008 1,5 miliardi di adulti (età maggiore di 20 anni) erano in sovrappeso. Di questi, 200 milioni di uomini e circa 300 milioni di donne erano obesi[4]. Obesità e sovrappeso, prima considerati problemi solo dei Paesi ricchi, sono ora in crescita anche nei Paesi a basso e medio reddito, specialmente negli insediamenti urbani, e sono ormai riconosciuti come veri e propri problemi di salute pubblica. La condizione di eccesso ponderale è infatti il quinto fattore di rischio per i decessi a livello mondiale, causando ogni anno la morte di circa 2,8 milioni di adulti.

In particolare, l'obesità infantile suscita preoccupazione, avendo raggiunto livelli allarmanti: nel 2010, circa 43 milioni di bambini sotto i 5 anni di età sono

[4] L'obesità può essere definita come un eccesso di tessuto adiposo in grado di indurre un aumento significativo di rischi per la salute (www.ministerosalute.it).

stimati in sovrappeso e di questi circa 35 milioni vivono in Paesi in via di sviluppo. La gravità della diffusione dell'obesità infantile sta anche nel fatto che i bambini obesi rischiano di diventare adulti obesi. E l'obesità è un fattore di rischio per serie condizioni e patologie croniche come le malattie ischemiche del cuore, l'ictus, l'ipertensione arteriosa, il diabete tipo 2, le osteoartriti e alcuni tipi di cancro.

Anche in molti Paesi della Regione europea dell'Oms la prevalenza di obesità si è triplicata dagli anni Ottanta e continua a crescere, in particolare tra i bambini. L'obesità è responsabile del 2-8% dei costi sanitari e del 10-13% dei decessi in diverse parti della Regione. Secondo uno studio dell'Oms, il 25-79% degli adulti risulta in sovrappeso e il 5-30% obeso, a seconda del Paese.

Dall'analisi dei dati fornita dall'Oms Europa, il carico delle malattie associato a una nutrizione scadente continua a crescere nella Regione. Abitudini alimentari scorrette, sedentarietà, sovrappeso e obesità contribuiscono a grande parte del peso di malattie croniche che affliggono la popolazione europea, essendo responsabili dell'86% dei decessi e del 77% del carico di malattia nella Regione.

Ma che cos'è l'obesità?

L'obesità è una condizione caratterizzata da un eccessivo accumulo di grasso nell'organismo, che porta ad un peso corporeo al di fuori del range di normalità, in genere a causa di un'alimentazione scorretta e di una vita sedentaria. L'obesità, intesa come eccesso/squilibrio di apporto alimentare, non è altro che una espressione paradossale della malnutrizione. Alimentazione e attività fisica sono comportamenti fortemente influenzati dalle condizioni sociali, economiche e culturali. Sfatando un luogo comune abbastanza diffuso, l'obesità non è un "problema dei ricchi". O almeno, non solo: le fasce di popolazione più svantaggiate dal punto di vista socioeconomico tendono infatti a consumare più carne, grassi e carboidrati, piuttosto che frutta e verdura, e a curare meno la propria immagine e il benessere fisico.

L'obesità nei giovani

Hbsc-Italia (Health Behaviour i*n School-aged Children*-Comportamenti collegati alla salute in ragazzi di età scolare) è uno studio multicentrico internazionale a cui l'Italia ha aderito nel 2001-2002, che ha l'obiettivo di incrementare le conoscenze sulla salute dei giovani (11, 13 e 15 anni), con particolare attenzione a: abitudini alimentari, immagine corporea, attività fisica e tempo libero, comportamenti a rischio, salute e benessere percepito, contesto familiare, gruppo dei pari e ambiente scolastico.

I dati relativi a Hbsc, presentati in occasione del convegno del 12 ottobre 2010 hanno evidenziato che:

- l'eccesso ponderale diminuisce al crescere dell'età ed è maggiore nei maschi. La frequenza dei ragazzi in sovrappeso e obesi è più elevata negli 11enni (29,3% nei maschi e 19,5% nelle femmine) che nei 15enni (25,6% nei maschi e 12,3% nelle femmine)
- i giovani di 15 anni (47,5% dei maschi e 26,6% delle femmine) fanno meno attività fisica rispetto ai ragazzi di 13 (50,9% dei maschi e 33,7% delle femmine)
- tra i quindicenni, il 40% dei maschi e il 24% delle femmine dichiara di consumare alcol almeno una volta a settimana
- dichiara di fumare almeno una volta a settimana, il 19% dei quindicenni (sia maschi che femmine)
- si riscontra un minor consumo quotidiano di verdura nelle Regioni del Sud e tra i maschi.

L'obesità in età adulta

Dalle interviste dell'indagine Multiscopo dell'Istat "Aspetti della vita quotidiana - Anno 2009", emerge che, riguardo alla diffusione di sovrappeso e obesità, in Italia nel periodo 2001-2009, è aumentata sia la percentuale di coloro che sono in sovrappeso (dal 33,9% nel 2001 al 36,1% nel 2009) sia quella degli obesi (dall'8,5% nel 2001 al 10,3% nel 2009). La quota di popolazione in condizione di eccesso ponderale cresce al crescere dell'età, passando dal 19% tra i 18 e i 24 anni a oltre il 60% tra i 55 e i 74 anni, per poi diminuire lievemente nelle età più anziane (55,9% tra le persone con più di 75 anni). Le condizioni di sovrappeso e obesità sono più diffuse tra gli uomini che tra le donne: il 45,2% degli uomini è in sovrappeso e l'11,3% è obeso rispetto al 27,7% e al 9,3% delle donne. A livello territoriale si osserva che la condizione di sovrappeso e obesità è più diffusa nel Sud (50,9%), in particolare in Molise (51,6%), Campania (51,8%) e Calabria (51,4%).

Secondo i dati raccolti nel 2010 dal sistema di sorveglianza Passi, il 32% degli adulti risulta in sovrappeso, mentre l'11% è obeso: complessivamente, quindi, più di quattro adulti su dieci (42%) sono in eccesso ponderale. Inoltre, dal confronto con le stime dei tre anni precedenti, considerando solo le Asl che hanno partecipato alla sorveglianza per l'intero periodo, nel quadriennio 2007-2010 si nota che il valore delle persone in eccesso ponderale è rimasto stabile: 43% nel 2007 e nel 2008, 42% nel 2009 e nel 2010.

1.4 STRATEGIE E APPROCCI PER IL TRATTAMENTO

Quali criteri bisogna seguire per recuperare un peso soddisfacente in modo adeguato, cioè per dimagrire?

Dimagrire non significa necessariamente pesare di meno, ma significa diminuire la percentuale di grasso corporeo[5].

Se una riduzione ponderale è ascrivibile a perdita di acqua o di massa magra si "ingrassa" (pur pesando meno aumenta la percentuale di tessuto adiposo) invece di dimagrire.

Per smaltire il grasso in eccesso l'obiettivo che si deve perseguire non è quello di una perdita di peso rapida e indiscriminata.

Il calo ponderale deve essere graduale perché se si ottiene in tempi troppo brevi porta inevitabilmente ad un coinvolgimento della massa magra, che invece deve essere adeguatamente salvaguardata.

Anche quando si devono perdere pochi chilogrammi non bisogna affrontare con superficialità il problema e dare meno importanza all'adeguatezza del regime da seguire, in quanto ci si trova con una quantità ridotta di tessuto adiposo da eliminare e il deficit dell'introito energetico, se non si realizza in modo corretto, può intaccare facilmente la massa magra.

E' da considerare ottimale un calo ponderale di 1 Kg a settimana, che resta comunque compreso in limiti "fisiologici", in funzione delle varie condizioni individuali.

Se si adotta un regime ipocalorico e si aumenta il dispendio energetico con l'esercizio fisico, non è difficile osservare una perdita di peso. E' sicuramente più difficile assicurarsi che tale perdita sia mirata, quale conseguenza dello

[5] la percentuale di grasso corporeo considerata accettabile (range di normalità) è compresa tra il 10% ed il 18% per gli uomini e tra il 18% ed il 26-28% per le donne. La differente percentuale di grasso corporeo tra uomo e donna è determinata dalla maggior quantità di grasso "essenziale" della donna (12% contro il 3-5% dell'uomo) e dal diverso corredo ormonale (che favorisce un maggior accumulo di massa magra nell'uomo).

smaltimento del grasso in eccesso. Al riguardo gioca un ruolo fondamentale l'idoneità del regime "dimagrante" associata ad un sufficiente livello di esercizio fisico.

Un regolare esercizio fisico aerobico fa parte di sane abitudini di vita e riduce il rischio coronarico.

Nell'intraprendere un trattamento dimagrante bisogna prendere coscienza del perché il proprio peso corporeo si discosta dalla norma.

In linea generale il motivo è semplice: perché il comportamento è scorretto, in quanto sono sbagliate le abitudini ed è incongruo lo stile di vita, eccessivamente sedentario.

Ciò senza nulla togliere al fatto che spesso vi sono implicazioni psicologiche difficili da rimuovere, che in diversi casi possono pesare molto varie patologie agenti in senso predisponente, soprattutto di tipo endocrino, e che può essere rilevante, quando non determinante, il ruolo di fattori di natura genetica.

L'acquisizione della consapevolezza dei propri errori di comportamento è essenziale.

E' pressoché impossibile mantenere i risultati eventualmente ottenuti in termini di calo ponderale se il periodo "controllato" della dieta viene inteso solo come una fase transitoria di sacrificio e non viene vissuto serenamente come un momento "educativo".

In questo caso alla fine del trattamento il comportamento abituale rimasto in sospeso finisce inevitabilmente col riemergere, e il problema si ripropone. Pertanto il trattamento, al di là dell'obiettivo contingente del calo ponderale da perseguire, deve servire per prendere coscienza dell'inadeguatezza del proprio stile di vita e per acquisire corrette abitudini alimentari e comportamentali da mantenere nel tempo.

La difficoltà maggiore non sta tanto nell'ottenimento del risultato, quanto nel mantenere i risultati raggiunti.

E' inoltre essenziale instaurare un rapporto col cibo consapevole e sereno, evitando di permanere in un regime di restrizione alimentare cronica, che può essere il preludio di profonde turbe del comportamento alimentare.

Per trattare l'eccesso ponderale con un approccio e un criterio razionali la funzione di guida e di supporto del medico è insostituibile.

Non bisogna porsi necessariamente come obiettivo il raggiungimento del peso ideale, poiché questo è un valore tabellare solo indicativo, spesso molto lontano dalla realtà fisiologico-strutturale di molti individui.

L'autovalutazione del proprio peso non deve essere emotiva e distorta, arrivando a considerarsi in eccesso ponderale, e quindi bisognosi di mettersi "a dieta", anche quando non corrisponde alla realtà. Una distorsione del genere non è infrequente; vi sono persone in sottopeso che arrivano a considerarsi grasse.

In casi del genere, non essendovi tessuto adiposo in eccesso da smaltire a compenso del deficit energetico indotto, il dimagrimento è di fatto impossibile e qualunque regime alimentare ipocalorico, pur ben strutturato, porta inevitabilmente ad un progressivo consumo di massa magra e ad uno stato di malnutrizione sempre più marcato.

1.5 OBIETTIVI NUTRIZIONALI GENERALI

Bisogna chiarire subito che l'educazione alimentare non è la conoscenza teorica delle problematiche nutrizionali, ma piuttosto la consapevolezza di dover attuare un comportamento alimentare corretto e la capacità di farlo. Pertanto deve essere perseguita non al fine di diffondere informazioni, ma al fine di modificare i comportamenti.

E' educato sul piano alimentare chi adotta una dieta in linea con le raccomandazioni nutrizionali e con i propri bisogni fisiologici, e non chi ha un conoscenza teorica, magari anche approfondita, delle problematiche alimentari, senza che ciò incida, in senso proporzionale favorevole, sull'idoneità del suo comportamento.

Educare quindi non è sinonimo di livello di conoscenza, per cui non è detto che il più "ignorante" debba essere necessariamente il meno "educato".

Ispirandosi a pochi, semplici, fondamentali e incontestabili criteri, quali variare le scelte alimentari con l'uso in alternanza di tutti gli alimenti disponibili nei vari periodi dell'anno e muoversi a sufficienza (basta camminare) nel corso della giornata, constatando periodicamente la persistenza del proprio peso su un livello stabile e ragionevole, si può avere, anche senza un grosso bagaglio di conoscenze, un comportamento "educato", garante di un regime dietetico adeguato sia sotto l'aspetto qualitativo che quantitativo.

1.6 PROFILASSI NUTRIZIONALE

La profilassi alimentare comprende anche la profilassi nutrizionale.

Nella profilassi alimentare l'innocuità degli alimenti è intesa come l'insieme delle condizioni da soddisfare e delle misure da prendere nel corso della produzione, della trasformazione, dello stoccaggio, della distribuzione e della preparazione dei prodotti alimentari per garantire che essi siano non dannosi, sani e idonei al consumo.

L'innocuità degli alimenti è solo uno dei componenti della qualità. Quest'ultima secondo la FAO/OMS, concerne tutti gli aspetti della produzione, della trasformazione, della distribuzione, della commercializzazione e della preparazione che hanno una incidenza sulla qualità degli alimenti, tra cui il tenore in nutrienti, le proprietà estetiche, la sicurezza, l'etichettatura e la pubblicità.

Pertanto la profilassi nutrizionale è un aspetto fondamentale della profilassi alimentare, e rappresenta un mezzo importante nel determinare il livello di qualità di un alimento.

I contenuti nutrizionali devono essere salvaguardati nel corso di tutta la vita dell'alimento, evitando un loro decadimento nel tempo e/o una loro alterazione che possa influire negativamente.

1.7 CARATTERISTICHE DI UNA CORRETTA ALIMENTAZIONE INFANTILE ED ERRORI ALIMENTARI

All'interno del mondo della medicina, dell'igiene e della nutrizione c'è attualmente un forte accordo su alcuni elementi-chiave di una corretta alimentazione: varietà, moderazione, qualità, equilibrio.

Varietà

Una scelta limitata di alimenti facilita l'insorgere di stati carenziali, dato che nessun alimento può dirsi "completo" (cioè contenente in proporzioni equilibrate tutti i nutrienti necessari all'organismo umano) e pertanto è necessario integrare diversi alimenti per raggiungere un'assunzione sufficiente e bilanciata di tutti i nutrienti.

Moderazione

L'ipernutrizione, dovuta in genere soprattutto all'introito eccessivo di zuccheri e grassi, è la causa principale dell'obesità infantile, in costante aumento e fortemente predittiva dell'obesità in età adulta, e importante fattore di rischio per malattie del metabolismo quali il diabete. A sua volta, l'obesità aumenta il rischio di incorrere in gravi disturbi quali malattie cardiovascolari, ipertensione, diabete, alcuni tumori. Un'alimentazione non corretta interviene a vari livelli nella rete di fattori di rischio di un gran numero di malattie.

Tra le conseguenze precoci dell'obesità, le più frequenti sono rappresentate da problemi di tipo respiratorio (affaticabilità, apnea notturna), dovute al carico meccanico (varismo/valgismo degli arti inferiori, ossia gambe ad arco o ad "X", dolori articolari, mobilità ridotta, piedi piatti), disturbi dell'apparato digerente, disturbi di tipo psicologico: i bambini grassottelli possono sentirsi a disagio e vergognarsi, fino ad arrivare ad un vero rifiuto del proprio aspetto fisico; spesso sono bambini derisi, vittime di scherzi da parte dei coetanei e a rischio di perdere l'autostima e sviluppare un senso di insicurezza, che li può portare all'isolamento: escono meno di casa, stanno più tempo davanti alla televisione, instaurando un circolo vizioso che li porta ad una iperalimentazione reattiva.

Tra le conseguenze tardive, occorre sottolineare che l'obesità infantile rappresenta un fattore predittivo di obesità nell'età adulta. Oltre ad avere una maggiore predisposizione al sovrappeso/obesità, la persona che è stata cicciottella da piccola risulta maggiormente esposta a determinate patologie, soprattutto di natura cardiocircolatoria (ipertensione arteriosa, coronaropatie), muscoloscheletrica (insorgenza precoce di artrosi dovuta all'aumento delle sollecitazioni statico-dinamiche sulle articolazioni della colonna e degli arti inferiori, più soggette al carico), a conseguenze di tipo metabolico (diabete mellito, ipercolesterolemia ecc), a disturbi alimentari, fino allo sviluppo di tumori del tratto gastroenterico.

Da non sottovalutare le conseguenze di tipo psicologico, che possono trascinarsi ed amplificarsi negli anni. Il disturbo può arrivare a stravolgere la vita del soggetto e i suoi rapporti sociali: si comincia col rifiutare gli inviti degli amici fino a chiudersi in se stessi, vittime del proprio problema, che sembra senza via di uscita.

Qualità

La "qualità" degli alimenti, attualmente al centro dell'attenzione dei consumatori, comporta diversi aspetti relativi alla loro composizione, conservazione, ricchezza in principi alimentari essenziali, eventuale pericolosità per la presenza di sostanze dannose – o potenzialmente tali – per l'organismo umano. È accolto come un segnale positivo l'aumento del numero di mense scolastiche che scelgono di introdurre nei menu alimenti biologici e locali.

Equilibrio

L'equilibrio dei nutrienti (carboidrati semplici e complessi, proteine di varia provenienza, grassi animali e vegetali, vitamine e minerali) è l'obiettivo principale da raggiungere, insieme ad un introito calorico adeguato. Questo richiede che i genitori conoscano i principi fondamentali della nutrizione. Attualmente, attraverso i massmedia queste informazioni sono in certa misura alla portata di tutti. È però importante che i genitori ricevano alcune nozioni basilari dal mondo della scuola e della sanità al fine di saper discernere le informazioni corrette dai luoghi comuni e da quelle distorte.

La maggior parte dei nutrizionisti (Franchini, 1996; Fidanza, 1996; Fois, 1997; inn.ingrm.it; www.ministerosalute.it) concorda nell'indicare, relativamente al bambino in età scolare, le seguenti norme di educazione alimentare:

1. consumare ogni giorno tipi diversi di alimenti;

2. fare sì che circa il 50% dell'introito calorico sia rappresentato da glucidi complessi, non più del 10% da glucidi semplici, il 10% da proteine di varia provenienza (legumi, latticini, pesce, carne, uova), il 30% da grassi, limitando quelli di origine animale che non dovrebbero superare 1/3 del totale;

3. limitare il consumo di zuccheri semplici, sale e carne, tendenzialmente eccessivo nelle diete occidentali;

4. controllare il peso corporeo e adeguare l'introito calorico al consumo energetico, promuovendo comunque una vita attiva e non sedentaria;

5. garantire un'assunzione sufficiente di acqua e fibre;

6. rispettare, fin dall'infanzia, la raccomandazione dell'OMS di assumere ogni giorno tre porzioni di verdura e due di frutta;

7. distribuire l'assunzione di alimenti in 4-5 pasti giornalieri, tra cui la prima colazione.

I principali errori alimentari individuati da dietologi e nutrizionisti nei bambini in età scolare sono i seguenti:

1. eccessivo introito calorico in rapporto al dispendio energetico: questo fenomeno, alla base dell'aumento della prevalenza di bambini obesi nell'ultimo decennio, ritenuto addirittura allarmante, è attribuibile sia – principalmente – ad uno stile di vita dei nostri bambini sempre più sedentario, sia all'aumentata disponibilità di alimenti ipercalorici e appetibili. A loro volta, la diminuita attività fisica dei bambini è correlata all'aumento dell'uso di TV e videogiochi e alla minor disponibilità di tempi e spazi per i giochi all'aperto, mentre l'aumentato consumo di dolci può essere causato da vari fattori concomitanti quali bombardamento mediatico, scarso controllo di acquisti e consumi da parte dei genitori (per mancanza di tempo ma anche per conseguente senso di colpa o paura di far sentire i propri figli "diversi" dai coetanei), cambiamenti nella qualità e composizione dei cibi consumati in famiglia etc.

2. squilibrio nell'assunzione di nutrienti, dovuto alla monotonia della dieta familiare e all'aumento dell'assunzione di fuoripasto dolci e molto calorici: non mi sembra azzardato affermare che il "mercato", attraverso la

manipolazione dell'offerta alimentare e la pubblicità, promuova, per motivazioni di origine prettamente economica e commerciale, il consumo di alimenti più complessi e raffinati, di qualità nutrizionale decisamente più bassa di quelli più semplici e meno lavorati, e una composizione dietetica che si allontana sempre più dalla vecchia "dieta mediterranea", privilegiando il consumo di carne, sale e glucidi semplici a scapito di legumi e ortaggi.

È evidente che la base delle abitudini e degli errori alimentari del bambino è la dieta familiare: non è possibile pertanto migliorare l'alimentazione infantile senza agire anche sulle famiglie.

1.8 ALIMENTAZIONE E SALUTE

Per una corretta alimentazione non conta il singolo alimento ma la sommatoria di tutti gli alimenti assunti, cioè la razione alimentare giornaliera.

Sotto l'aspetto nutrizionale gli alimenti di per sé non sono "buoni" o "cattivi", non fanno dimagrire i ingrassare, sono solo i veicoli dei nutrienti.

L'adeguatezza del regime alimentare si valuta nel medio periodo (1-2 settimane) e non sulla composizione della razione alimentare di una giornata. I valori nutrizionali di un prodotto alimentare, vanno visti necessariamente su una quantità fissa di riferimento (100 g o 100 ml), che lo rende compatibile con gli altri, e non solo su singole porzioni.

L'industria deve farsi carico di queste esigenze, evitando quelle forme di pubblicità, contrarie ai criteri di obiettività, che non aiutano ad identificare un prodotto nei suoi requisiti essenziali.

Nell'educazione alimentare va usata molta cautela quando si tirano in ballo direttamente delle tipologie di alimenti, proponendo di ridurre o di aumentare l'assunzione. Perché non sempre questo viene recepito nel senso giusto e porta a comportamenti logici.

Quando si sarà elevato il livello di comprensione critica dei messaggi nutrizionali, si avranno le condizioni per poter pensare ad un tipo di informazione più complessa ed articolata per i singoli prodotti alimentari, comprendente eventualmente dei riferimenti obiettivi agli effetti più rilevanti e specifici dei nutrienti, se possono contribuire a facilitare delle scelte alimentari più consapevoli e adeguate.

CAPITOLO II

L'ETICHETTATURA NUTRIZIONALE DEI PRODOTTI ALIMENTARI

2.1 L'ETICHETTATURA

Un contributo fondamentale per un approccio più consapevole alle scelte alimentari, atto a facilitare un maggior rispetto delle raccomandazioni per una sana alimentazione, è sicuramente dato dalle disposizioni normative che regolano l'etichettatura (EN) dei prodotti alimentari.

Per etichettatura nutrizionale si intende una descrizione delle proprietà nutrizionali di un alimento volta ad informare il consumatore.

Quindi l'EN consiste nella elencazione delle informazioni relative al tenore dei nutrienti di un prodotto alimentare, col conseguente valore energetico, e ai messaggi accessori (dichiarazioni, claims) improntati a criteri di obiettività, concernenti il livello di tali tenori.

Nel settore dei prodotti alimentari l'EN è obbligatoria per quelli destinati ad una alimentazione particolare (decreto legislativo 77/93), mentre per gli alimenti di uso corrente lo diventa se in etichetta si intendono dare messaggi nutrizionali accessori.

Le informazioni previste dall'EN devono essere fornite per 100 g o per 100 ml dell'alimento (possono essere espresse per razione, se quantificata in etichetta, o per porzione, a condizione che sia indicato il numero di porzioni contenute nella confezione).

Le informazioni nutrizionali possono essere fornite secondo uno schema più semplice o più complesso, a discrezione del produttore, che consiste nell'elencazione di:

- valore energetico
- proteine

- carboidrati
- grassi

oppure

- valore energetico
- proteine
- carboidrati di cui zuccheri
- grassi di cui saturi
- fibra alimentare
- sodio

Oltre alle suddette, si ha la facoltà di dare anche informazioni nutrizionali relative a:

- polialcooli e amido, per una informazione più dettagliata della voce carboidrati;
- acidi grassi monoinsaturi, polinsaturi e colesterolo, per una informazione più dettagliata della voce lipidi;
- vitamine e/o minerali, utile per dare un apprezzabile contributo all'apporto giornaliero raccomandato di tali nutrienti.

Per nutriente si intende ogni sostanza normalmente assunta come costituente di un alimento che fornisce energia necessaria alla crescita e allo sviluppo di un individuo e a preservare la sua vita.

L'etichettatura nutrizionale comprende due elementi: la dichiarazione sull'etichetta dei nutrienti e le informazioni nutrizionali supplementari.

La dichiarazione dei nutrienti dovrebbe essere obbligatoria per gli alimenti oggetto di claims, e facoltativa per tutti gli altri alimenti.

Le informazioni nutrizionali supplementari hanno la funzione di permettere al consumatore di comprendere meglio quale è il valore nutrizionale degli alimenti consumati e di aiutarlo a interpretare la dichiarazione dei nutrienti.

2.2 DICHIARAZIONI NUTRIZIONALI: CLAIMS

La dichiarazione nutrizionale, cioè il claim, come si è detto, è un messaggio in cui viene evidenziato che il prodotto ha un tenore ridotto/uguale/aumentato di una delle voci per le quali è prevista l'informazione nutrizionale. Esso suggerisce che un alimento possieda delle proprietà nutrizionali specifiche; queste comprendono in particolare il suo valore energetico, il suo tenore in proteine, in grassi e in carboidrati, come anche il suo tenore in vitamine e Sali minerali. In pratica il claim è legittimato dalla elencazione della relativa informazione nutrizionale, la quale consente di poterne verificare l'obiettività e, in tal senso, presenta un importante significato di informazione nutrizionale supplementare.

Al momento comunque manca una regolamentazione in materia di claims. La problematica è in corso di definizione nell'ambito del Codex Alimentarius.

2.3 CODEX ALIMENTARIUS

La Commissione del Codex Alimentarius è un Organo sussidiario dell'Organizzazione della Nazioni Unite per l'Alimentazione e l'Agricoltura (FAO) e dell'Organizzazione Mondiale della Sanità (OMS).

Il termine "Codex Alimentarius" è un'espressione latina che significa codice alimentare. Comprende una serie di standard di sicurezza di carattere generale e specifico che sono stati formulati con l'obiettivo di tutelare la salute del consumatore e garantire la correttezza del commercio alimentare. I cibi immessi sul mercato per il consumo locale o per l'esportazione devono essere sicuri e di buona qualità. Inoltre, non devono contenere organismi vettori di malattie che potrebbero danneggiare gli animali o le piante nei paesi che li importano.

Il Codex è stato creato per far fronte all'esigenza di facilitare gli scambi dei prodotti alimentari a livello mondiale e, nello stesso tempo, di proteggere la salute dei consumatori attraverso l'elaborazione di norme accettate su scala internazionale.

Il Codex risulta essere l'unico organismo intergovernativo deputato ad elaborare norme su scala mondiale in materia di alimentazione, norme che rappresentano di solito soluzioni di compromesso soddisfacenti, frutto di un'armonizzazione di concetti, punti di vista ed esigenze differenti.

La Commissione del Codex ha adottato le linee direttrici concernenti l'etichettatura nutrizionale.

2.4 OBIETTIVO DELLE LINEE GUIDA

- Fare in modo che l'etichettatura nutrizionale risponda efficacemente al suo obiettivo, e cioè:
  I. fornire delle informazioni su un alimento al consumatore, per fare una scelta chiarificata;
  II. offrire la possibilità di far figurare sull'etichetta delle informazioni relative al tenore di un nutriente di un alimento;
  III. incoraggiare il rispetto di buoni principi nutrizionali nella formulazione di alimenti che saranno benefici per la salute pubblica;
  IV. offrire la possibilità di far figurare sull'etichetta delle informazioni nutrizionali supplementari.
- Fare in modo che l'etichettatura nutrizionale non descriva un prodotto o non presenti delle informazioni su di esso in modo inesatto, erroneo o ingannevole.
- Fare in modo che ogni claim d'ordine nutrizionale sia basata su una dichiarazione del tenore in nutrienti.

2.4.1 PRINCIPI ALLA BASE DELL'ETICHETTATURA NUTRIZIONALE

Dichiarazione dei nutrienti

Le informazioni fornite dovrebbero avere l'obiettivo di dare ai consumatori un profilo appropriato dei nutrienti contenuti nell'alimento e considerati importanti dal punto di vista nutrizionale. Tali informazioni non dovrebbero portare il consumatore a credere che si conoscano le qualità esatte che deve assumere ogni individuo per mantenersi in buona salute, ma dovrebbero piuttosto dare una panoramica sul tenore di nutrienti del prodotto. Una indicazione più precisa delle quantità richieste pro-capite è priva di valore, perché è impossibile utilizzare efficacemente le conoscenze sui bisogni individuali ai fini dell'etichettatura.

Informazioni nutrizionali supplementari

Il tenore di queste informazioni varierà da un Paese all'altro e, in uno stesso Paese, da un gruppo di popolazione all'altro, secondo la politica educativa del Paese e i bisogni dei gruppi in questione.

Etichetta nutrizionale

L'etichettatura nutrizionale non dovrebbe deliberatamente lasciar intendere che un alimento oggetto di tali claims presenti necessariamente dei vantaggi nutrizionali rispetto agli alimenti che ne sono sprovvisti.

2.5 DEFINIZIONE DEI NUTRIENTI PER L'ETICHETTATURA NUTRIZIONALE

Le attuali disposizioni normative in materia di EN definiscono i singoli nutrienti come segue.

Proteine, il valore che si ottiene moltiplicando l'azoto totale x 6,25;

Carboidrati, qualsiasi idrato di carbonio metabolizzato dall'uomo compresi i polialcooli;

Zuccheri, composto organico della famiglia dei carboidrati, che costituisce il più comune dei glucidi. La frazione di carboidrati data dai mono e disaccaridi, ad eccezione dei polialccoli. Questi ultimi, attualmente regolamentati come additivi edulcoranti, sono:

- osrbitolo e sciroppo di sorbitolo,
- mannitolo,
- isomalto,
- maltitolo e sciroppo di maltitolo,
- lactitolo,
- xilitolo.

Secondo il Comitato Scientifico della CEE, i polialcooli producono all'incirca lo stesso calore di combustione del saccarosio, ma vengono assorbiti e metabolizzati in misura minore, per cui in genere forniscono meno energia biodisponibile. Il loro consumo nell'ordine dei 20g al giorno non dovrebbero provocare effetti lassativi indesiderabili.

Nell'etichetta dei prodotti alimentari che li compongono, se il loro tenore è superiore al 10% del totale, va indicato che un consumo eccessivo può provocare effetti lassativi.

Amido, è un carboidrato polisaccaridico che consiste di un gran numero di unità di glucosio unite tra loro da legame glicosidico, e tale voce non è definita.

Conseguentemente, data la definizione di zuccheri, se si intende specificare nel dettaglio il tenore dei "carboidrati" la voce "amido" non può che essere intesa come comprensiva di tutti i polimeri di glucosio. In tal modo, sommandone il tenore a quello degli zuccheri ed eventualmente a quello dei polialcooli, si ottiene il tenore totale dei carboidrati.

Del resto alla voce amido, al di là delle approssimazioni con cui è intesa, nella gran parte dei prodotti alimentari è una informazione facilmente comprensibile che rende immediatamente l'idea del contenuto di carboidrati complessi (si pensi alla pasta e a tutti i prodotti a base di cereali) e può essere facilmente impiegata per orientare ai consumi alimentari.

Grassi, i lipidi totali compresi i fosfolipidi;

acidi grassi saturi quelli privi di doppi legami,

acidi grassi monoinsaturi, quelli con un doppio legame cis (atomi),

acidi grassi polinsaturi gli acidi grassi ad interruzione cis-metilenica.

Acidi grassi trans. Sotto condizioni di parziale idrogenazione un doppio legame può cambiare dalla configurazione cis a quella trans (isomerizzazione geometrica) o spostarsi in un'altra posizione lungo la catena idrocarbonica (isomerizzazione posizionale).

Gli acidi grassi trans sono acidi grassi insaturi con almeno un doppio legame nella configurazione trans.

Le fonti più diffuse di acidi grassi trans sono le margarine e i prodotti contenenti oli vegetali parzialmente idrogenati.

I prodotti lattei e la carne di animali ruminanti derivano i loro acidi grassi trans dai processi di idrogenazione nel rumine dove i batteri eseguono un fermentazione anaerobica.

Esperienze negli animali fin dal periodo perinatale evidenziano un certo numero di effetti indesiderati degli acidi grassi trans, tra cui un perturbata conversione degli acidi grassi essenziali nei loro derivati a lunga catena e una alterazione della crescita prenatale e post-natale.

Nella specie umana si osservano effetti analoghi in quanto nei nati pre-termine o di basso peso alla nascita sono state osservate delle correlazioni inverse tra l'esposizione ai trans e il peso corporeo nonché l'efficienza della conversione degli acidi grassi essenziali.

Fibra alimentare, la sostanza commestibile di origine vegetale che di norma non è idrolizzata dagli enzimi digestivi secreti dall'apparato digerente dell'uomo.

Il Codex definisce al momento la fibra alimentare come "ogni materia vegetale e animale commestibile che non è idrolizzata dagli enzimi endogeni dell'apparato digerente dell'uomo.

2.6 L'ETICHETTA NUTRIZIONALE COME MODELLO GUIDA PER L'EDUCAZIONE ALIMENTARE

L'EN è una descrizione del prodotto alimentare in termini di contenuti, i quali sono reali, verificabili e indipendenti dalla restante parte della razione alimentare.

Se si prende ad esempio il sistema che è stato introdotto per informare sul tenore di vitamine e di minerali, si rileva che esso è del tutto innovativo e presenta una potenzialità straordinaria. Infatti, nei casi in cui il prodotto alimentare contiene quantità significative di una vitamina, non si chiede di esprimerla solo in peso, ma anche come quota percentuale della sua RDA (razione giornaliera raccomandata).

Questo sistema informativo è basato, per evidenti ragioni di praticità, su un unico valore di riferimento per tutta la popolazione, e in questo può stare il suo limite, dal momento che prescinde dal sesso, dall'età, dal dispendio energetico. Ciò, comunque, non ne sminuisce la capacità di sottoporre ad una valutazione "critica" l'informazione ricevuta e di aumentare la possibilità di scelte alimentari più confacenti.

L'obiettivo da perseguire, con l'educazione alimentare, e quindi anche con l'etichettatura dei prodotti alimentari, è quello di aumentare la consapevolezza dei comportamenti al fine di aumentare la correttezza. Il supplemento di informazione di cui si è detto, che pure non garantisce la correttezza del comportamento, sicuramente ne aumenta di gran lunga la consapevolezza.

Al momento attuale, per favorire l'adozione di un modello alimentare in linea con le raccomandazioni per una sana alimentazione, pare auspicabile l'immissione in commercio di alimenti che, compatibilmente con la salvaguardia delle loro proprietà organolettiche, presentano un valore energetico ridotto, un tenore di grassi (saturi), di sodio (sale), e di zuccheri più basso.

E' preferibile una riduzione dei suddetti parametri meno marcata, che sia rispondente alle attese dei consumatori in termini di sapore e di gusto, ad una riduzione più marcata ma penalizzante sotto tali aspetti, che rischia di non essere accettata. Il gusto non deve essere considerato una variabile immodificabile nei programmi di educazione alimentare a medio termine, e soprattutto nell'educazione alimentare dei bambini nella prima infanzia e dei ragazzi.

Per seguire una dieta variata e sana è importante imparare ad apprezzare i vari gusti dei prodotti alimentari, abbandonando atteggiamenti preconcetti dettati da una sorta di inerzia mentale che porta sempre al consumo certo (l'alimento assunto con soddisfazione) per l'incerto (l'alimento mai assaggiato), per non limitarsi nelle possibilità di scelta e privarsi immotivamente di alimenti in grado di dare un grosso contributo alla realizzazione di una razione alimentare adeguata.

Nell'educazione alimentare bisogna procedere per gradi e priorità, e va tenuto conto del basso livello di conoscenze in materia di nutrizione attualmente riscontrabile, per cui l'informazione deve essere semplice e facilmente comprensibile.

Attualmente tutti hanno dimestichezza col termine "calorie", ma sicuramente pochi sanno che un prodotto definito "senza zucchero" , solo perché il saccarosio è sostituito dal fruttosio, non presenta affatto una riduzione del valore energetico. Se si svolgesse una indagine per verificare come viene inteso un prodotto definito "senza zucchero" la maggior parte degli intervistati risponderebbero che si tratta di un prodotto mene energetico, dando un significato quantitativo ad un claim che per sua natura è solo qualitativo.

Non a caso, al momento, la norma sull'EN contempla solo la definizione globale di "zuccheri"; manca ancora la capacità di recepire con vantaggio l'informazione volta ad una distinzione qualitativa tra i vari mono e disaccaridi.

La possibilità di dare di dare dei messaggi nutrizionali accessori ha anche la funzione di indurre l'industria a produrre alimenti in linea con le attuali raccomandazioni in materia di sana alimentazione.

E' importante sottolineare come, nel lanciare dei messaggi sulle proprietà di un prodotto alimentare attraverso l'etichettatura, la presentazione e la pubblicità, al di là della "verità scientifica" bisogna porsi il seguente interrogativo: si tratta di un messaggio "utile"? Sono cioè affermazioni che possono ragionevolmente far ipotizzare una reazione e un comportamento corretti da parte del destinatario?

Nel caso di un prodotto definito senza zucchero, contenente fruttosio, di cui è detto, il messaggio sul piano scientifico non è falso (in effetti il prodotto non contiene zucchero inteso come saccarosio), ma manca, in generale, la sua utilità, cioè la capacità di contribuire ad aumentare la consapevolezza e la correttezza del comportamento ad esso conseguente. Tale messaggio non si limita ad essere inutile, ma rischia di diventare fuorviante, in quanto può indurre chi è intenzionato a contenere l'introito calorico a rivolgere in modo erroneo la sua scelta al prodotto cui è riferito, se non legge attentamente tutte le informazioni nutrizionali e non percepisce che il valore energetico è lo stesso di un analogo prodotto contenente zucchero.

In sostanza l'etichettatura degli alimenti, comprensiva della parte nutrizionale, è da considerare uno strumento fondamentale a disposizione dei consumatori per acquisire dati utili a orientare nelle scelte alimentari e, di conseguenza, a seguire una sana alimentazione.

CAPITOLO III

L'INSEGNAMENTO

L'obiettivo dell'insegnamento dell'educazione alimentare è essenzialmente quello di istruire la popolazione sulla conoscenza del settore agroalimentare, toccando tanto gli aspetti tecnologici quanto quelli nutrizionali e gastronomici, al fine di diffondere una cultura alimentare e di promuovere comportamenti alimentari benefici per la salute. In poche parole si tratta di conoscere ciò che mangiamo e che effetti può avere sulla nostra salute.

A livello globale l'educazione alimentare comprende svariate strategie d'intervento, che sfruttano diversi mezzi di comunicazione al fine di rendere più efficace possibile la diffusione di messaggi e modelli positivi. Fra le principali modalità di comunicazione dell'educazione alimentare, possiamo citare gli interventi nelle scuole, la distribuzione di opuscoli informativi alle famiglie, la promozione di giornate a tema (con manifestazioni, dibattiti ecc), la pubblicità progresso, le rubriche di alcuni giornali e alcune trasmissioni radiotelevisive. Purtroppo però molti altri canali mediatici (soprattutto la pubblicità commerciale) minano fortemente il lavoro di questa disciplina diffondendo informazioni e modelli sbagliati. Per monitorare gli effetti degli interventi di educazione alimentare, e quindi per valutarne il raggiungimento degli obiettivi prefissi, si può far riferimento alla *sorveglianza nutrizionale*, una disciplina che si occupa di descrivere, documentare e monitorare lo stato di salute e nutrizione della popolazione con riferimento ai comportamenti nutrizionali. In tal modo è possibile individuare e orientare opportunamente le strategie preventive e correttive, fra le quali rientra anche l'insegnamento di sane abitudini alimentari.

In Italia si stanno attuando molte operazioni di comunicazione ed educazione alimentare. Ne sono esempio tutte le campagne di promozione della salute diffuse dal Ministero della Salute e dal Ministero delle Politiche Agricole e

Forestali[6] attraverso l'INRAN[7] (fra cui spiccano le "Linee guida per una sana alimentazione italiana" [8]) ed i diversi interventi promossi nelle scuole.

Tuttavia in Italia manca un controllo centralizzato delle azioni ed una pianificazione a lungo termine delle stesse; questo porta ad una situazione disomogenea, nella quale troviamo regioni e province nelle quali l'educazione alimentare è poco diffusa, altre in cui invece è tenuta in alta considerazione, oppure altre ancora nelle quali si promuovono iniziative per uno o due anni e poi non si fa più nulla per diverso tempo. Purtroppo questa mancanza di coordinazione fra i vari interventi e la pianificazione a breve termine fa loro perdere notevolmente di efficacia.

L'insegnamento di una corretta nutrizione, in qualsiasi ambito venga realizzato, non è così semplice come si potrebbe pensare. Le tematiche correlate a questa disciplina sono infatti molte ed esistono poche figure professionali adatte a poterle trattare tutte in modo sufficientemente completo. Per fare un esempio basta citare alcuni fra i temi principali di educazione alimentare: chimica, microbiologica, dietetica e nutrizione, tecnologie alimentari, botanica, igiene, gastronomia ecc…. Questo ci fa capire che per pianificare e condurre un percorso di educazione alimentare ci vuole il lavoro di squadra di diversi esperti oppure, nel caso delle scuole, di un team di insegnanti motivati che lavorino in modo interdisciplinare, eventualmente

[6] http://www.nutrienergia.it/pag/index

[7] L'Istituto Nazionale di Ricerca per gli Alimenti e la Nutrizione (INRAN), fondato nel 1999 come riforma del precedente Istituto Nazionale della Nutrizione, è un Ente Pubblico di Ricerca che opera sotto la vigilanza del Ministero delle Politiche Agricole e Forestali. Il decreto istitutivo dell'Ente (art.11 del D.L.vo n.454 del 1999) stabilisce che l'INRAN svolga "[...] attività di ricerca, informazione e promozione nel campo degli alimenti e della nutrizione, ai fini della tutela del consumatore e del miglioramento qualitativo delle produzioni agro-alimentari".

[8] Gli alimenti di cui disponiamo sono tantissimi, e molte sono anche le vie per realizzare una dieta salutare nel quadro di uno stile di vita egualmente salutare. Ognuno ha quindi ampia possibilità di scelte. Negli ultimi decenni Istituzioni pubbliche e Organismi scientifici hanno dato vita, nei principali Paesi del mondo, a Linee guida o Direttive alimentari. E nella stessa direzione si sono mosse le principali Agenzie internazionali che si occupano di alimentazione e salute. In Italia, fin dal 1986 l'INRAN (sottoposto a controlli del Ministero delle Politiche Agricole, Alimentari e Forestali) si è fatto carico di tale iniziativa e, con la collaborazione di numerosi rappresentanti della comunità scientifica nazionale, ha predisposto e successivamente diffuso le prime "Linee guida per una sana alimentazione italiana".

coadiuvati da un esperto, ad esempio da un dietologo o da un tecnologo alimentare.

Importanti informazioni circa gli esordi di questa disciplina provengono da un Convegno tenutosi a Napoli nel 1961[9], in cui si discusse il problema dell'alimentazione a livello nazionale ed internazionale e tutti gli interventi che si erano realizzati fino ad allora e quelli che si sarebbero dovuti attuare per arginare questa emergenza educativa, sanitaria, nutrizionale, ecc. Un primo passo, per la popolazione italiana fu fatto dall'Amministrazione per le Attività Assistenziali Italiane e Internazionali, che intraprese delle attività sperimentali di educazione alimentare dirette ai piccoli assistiti. Nonostante i risultati soddisfacenti, fu tuttavia, ancora una volta sottolineata la vastità del problema e l'impossibilità di risolverlo senza azioni più massicce ed organizzate. Perciò l'A.A.I. ritenne opportuno studiare l'estensione delle sue attività sulla disciplina assicurando ad esse la partecipazione di organizzazioni internazionali e la collaborazione delle amministrazioni e degli enti pubblici nazionali interessati al problema. Essa, quindi impostò un programma organico d'interventi educativi nel settore della nutrizione, nel quale coinvolse i Ministeri della Pubblica Istruzione, dell'Agricoltura e Foreste, della Sanità, l'Opera Nazionale Maternità e Infanzia, l'Istituto Nazionale della Nutrizione, ognuno per l'aspetto più prossimo ai suoi fini istituzionali. Inoltre, poiché gli indirizzi degli organismi tecnici e assistenziali delle Nazioni Unite erano a quel tempo rivolti al miglioramento dell'alimentazione dei bambini nel mondo, l'A.A.I., sul piano internazionale richiese per l'iniziativa il contributo finanziario del Fondo delle Nazioni Unite per l'Infanzia (U.N.I.C.E.F.) e la partecipazione tecnica dell'Organizzazione per l'Alimentazione e l'Agricoltura (F.A.O.). Il programma suscitò l'interesse dell'U.N.I.C.E.F., che assicurò un contributo complessivo di 24 milioni di lire per i previsti tre anni di attuazione del progetto; è risaputo infatti che gli interventi del Fondo per le attività di

[9] Cfr.: *Aspetti scolastici e sociali della educazione alimentare: Atti del Convegno di studi organizzato nel quadro della campagna mondiale contro la fame, proposta dalla Organizzazione delle Nazioni Unite per l'Alimentazione e l'Agricoltura (F.A.O.),*

educazione alimentare hanno subito negli anni dal 1958 al 1960 un notevole incremento.

I motivi alla base di questo interesse da parte delle Istituzioni per l'alimentazione, la salute ed il benessere degli individui, scaturirono da indagini statistiche, effettuate in quegli anni, sui bilanci familiari e sui consumi alimentari, mettendo in evidenza le caratteristiche nutrizionali della popolazione italiana. Le conclusioni di queste indagini furono che nei gruppi di popolazione a basso reddito le spese per l'alimentazione costituivano il più importante capitolo del bilancio familiare. Ma il fattore economico incideva anche sulla scelta degli alimenti: ne derivava che la dieta abituale degli italiani appartenenti alle categorie meno abbienti era prevalentemente basata sui cereali e loro derivati, che sono prodotti meno costosi, mentre erano molto modesti sia i consumi di alimenti di origine animale ad alto valore proteico (carne, uova, latte e derivati), sia quelli di vegetali freschi (ortaggi e frutta), che assicurano l'indispensabile apporto di vitamine e sali minerali. Perciò, soprattutto nelle popolose zone sottosviluppate dell'Italia meridionale e nelle depresse aree montane, si notava che, anche quando l'alimentazione quotidiana era sufficiente dal punto di vista calorico, qualitativamente essa risultava squilibrata e carente in alcuni principi nutritivi importantissimi.

Queste carenze hanno un'incidenza notevole sulla salute e sul benessere fisico egli individui; ma particolarmente dannose risultano per l'infanzia, dato che proprio i principi nutritivi meno consumati dalle famiglie povere sono quelli che hanno la massima importanza ai fini di un regolare accrescimento e di un armonico sviluppo.

E' stato così varato il «Progetto nazionale di educazione alimentare con la partecipazione dell'U.N.I.C.E.F.» [10], che, nei suoi tre anni di attivazione, aveva lo scopo immediato di venire incontro, in via dimostrativa, alle esigenze più sentite nel settore dell'educazione alla nutrizione, cioè la preparazione o

[10] *Aspetti scolastici e sociali dell'educazione alimentare*

l'aggiornamento in questa materia di operatori di varie categorie e l'approntamento di sussidi didattici, e come obiettivo futuro la creazione di un substrato sul quale organizzare attività permanenti ed estese a tutto il Paese. Il progetto nazionale di educazione alimentare a favore dell'infanzia doveva quindi immediatamente far fronte alle più impellenti esigenze del Paese in fatto di sana nutrizione, cioè preparare personale qualificato e realizzare sussidi didattici. Il suo obiettivo a lunga scadenza era invece l'impostazione di un vero e proprio "servizio", destinato ad affiancare permanentemente il programma d'integrazione alimentare per l'infanzia bisognosa: le iniziative intraprese ancora in via sperimentale ed in misura limitata nel quadro del progetto U.N.I.C.E.F. dovevano quindi essere moltiplicate, perfezionate, estese a tutto il territorio nazionale. Le attività di educazione alimentare previste dal progetto iniziarono già nel 1960 secondo una linea ben definita: nel primo anno di realizzazione fu necessario preparare del personale ad alto livello, cui affidare, in periferia, un addestramento degli insegnanti e degli altri gruppi di operatori sociali.

3.1 PERCORSI DIDATTICI PER LA SCUOLA DELL'INFANZIA

L'obiettivo dell'educazione alimentare nella scuola dell'infanzia è quello di considerare con viva curiosità i diversi aspetti del mondo circostante, lasciandosi guidare dal bisogno di esplorare la natura.

Secondo la ricerca contemporanea, il bambino in età prescolare ha la necessità di lavorare su percorsi completi e articolati, poiché la sua capacità di apprendere deve misurarsi con la sua vitale esigenza di sentirsi interessato e gratificato dalle esperienze che compie. Il bambino perciò deve essere aiutato a interagire con la realtà attraverso una rielaborazione dei dati dell'esperienza e attraverso processi di comprensione sempre più complessi, al fine di ordinare le proprie rappresentazioni del mondo e le sue emozioni. Deve pertanto essere guidato verso la consapevolezza dei propri stati emotivi e della percezione di sé e delle sensazioni corporee in rapporto all'ambiente esterno, cioè agli altri e alla natura.

Prima della progettazione e della realizzazione di un percorso di educazione alimentare a scuola sarebbe importante prevedere un corso di formazione rivolto gli insegnanti. Il percorso formativo ha l'obiettivo di fornire le basi conoscitive teorico-pratiche affinché gli insegnanti possano progettare e svolgere autonomamente il percorso educativo rivolto ai bambini, con il coinvolgimento e la partecipazione delle famiglie.

Pertanto, oltre a informazioni nutrizionali, verranno forniti agli insegnati supporti didattici (schede didattiche, materiale audiovisivo, ipotesi di percorso ecc...) per guidare i bambini alla scoperta degli alimenti mediante la percezione sensoriale (manipolazione, degustazione ecc..) e l'esplicitazione delle emozioni evocate dal cibo attraverso vari tipi di linguaggi (corporeo, simbolico, verbale).

Infatti, la scoperta del mondo alimentare deve sempre nascere dall'esperienza di un vissuto individuale (a casa, dai nonni ecc..) o collettivo (nel pranzo o merenda a scuola, in gita, nel parco ecc...) su cui si innestano attività di scoperta/ricerca dell'ambiente e dei prodotti a esso legati (campagna, piante, prodotti della terra, animali).

Qualsiasi percorso venga scelto è importante che risponda ai seguenti requisiti:

- il progetto deve essere condiviso d parte di tutte le componenti scolastiche (insegnanti, operatori di cucina, genitori);
- il progetto deve essere formulato in modo che i destinatari (bambini) possano partecipare attivamente e non siano spettatori[11];
- il progetto deve tener conto dei bisogni psicofisici e relazionali dei bambini (partecipazione, autonomia, condivisione ecc..)

---

[11] E' importante il "fare" non solo il "guardare".

- il progetto deve essere articolato in fasi che si estendano su un periodo che tendenzialmente è di 3-4 mesi, poiché deve prevedere una serie di iniziative e interventi che non abbiano carattere di episodicità e sporadicità, ma siano il più possibile inseriti nella quotidianità della vita scolastica;
- le iniziative e gli interventi proposti devono andare a incidere realmente nel contesto scolastico ed essere in grado di modificare dei comportamenti[12];
- il progetto educativo avrà una modalità trasversale di approccio alle tematiche affrontate, quindi non coinvolgerà solo l'area scientifica e nutrizionale, ma affronterà anche le problematiche alimentari su un piano psicoaffettivo-relazionale;
- il percorso si inserirà, quando possibile, in progetti di più ampio respiro a livello provinciale, regionale o nazionale con il contributo e la collaborazione di enti che operano sul territorio (AUSL, aziende di ristorazione ecc...);
- ogni progetto deve prevedere momenti e modi di verifica e valutazione dell'efficacia degli interventi svolti.

[12] La pedagogia della salute è concentrata sul "saper fare" e sul "saper essere", non solo sul "sapere".

CAPITOLO IV

L'ALIMENTAZIONE DEL BAMBINO DI 3-6 ANNI

Il periodo che va dalla prima infanzia all'adolescenza è quello in cui i genitori si preoccupano meno dell'alimentazione dei figli. In realtà, sarebbe necessario continuare a vigilare sul comportamento alimentare del bambino che, non essendo ancora autonomo nelle sue scelte, ha ancora un legame strettissimo con la famiglia. In breve tempo, infatti, i bambini acquisiscono tutte le consuetudini e i comportamenti alimentari della famiglia, sia quelli corretti che quelli meno salutari.

A partire da quest'età, il bambino è in grado di cogliere tutti i significati e sfaccettature della parola "cibo".

E' un periodo delicato in cui prendono sempre maggior consistenza i significati simbolici e culturali del cibo. Inoltre, in questa fase i bambini mostrano un'incredibile sete di sapere e, se stimolati, memorizzano in maniera stupefacente le informazioni che vengono loro trasmesse dalla famiglia.

4.1 FABBISOGNI NUTRIZIONALI

Una corretta alimentazione nell'età evolutiva rappresenta un fattore indispensabile per l'accrescimento.

Ma che cosa si intende per "corretta alimentazione"?

E' lo stile alimentare che fornisce un giusto equilibrio sia dal punto di vista quantitativo, cioè nell'apporto calorico, determinato dalla quantità di alimenti introdotti, sia dal punto di vista qualitativo, cioè nell'adeguata assunzione di macro e micronutrienti garantita dalla varietà della dieta. Questo concetto, naturalmente, è valido non solo per l'età evolutiva, ma per tutte le età della vita.

In particolare, l'alimentazione del bambino di 3-6 anni deve rispondere ai seguenti obiettivi:

- garantire la crescita degli organi, dello scheletro, dei muscoli e lo sviluppo cerebrale;
- rafforzare le difese immunitarie;
- garantire un adeguato apporto calorico rispetto all'attività fisica praticata.

Il modo per garantire un corretto apporto di nutrienti, energia e micronutrienti (vitamine e sali minerali) è quello di adottare un'alimentazione il più possibile variata ed equilibrata.

Il fabbisogno energetico del bambino varia in funzione dell'età e del sesso; a partire dalla nascita diminuisce progressivamente in relazione al peso corporeo, ma aumenta come valore assoluto avvicinandosi all'apporto calorico dell'età adulta. A partire dall'età prescolare il fabbisogno energetico comincia a differenziarsi in funzione del sesso: a parità di età, nei maschi è superiore rispetto alle femmine.

Di seguito riporto due modalità per il calcolo del fabbisogno energetico di un bambino di 3-6 anni; la prima tabella fornisce un'indicazione di range di valori di fabbisogno energetico per fasce d'età e per sesso; la seconda è una stima del fabbisogno calorico in funzione del peso corporeo, dell'età e del sesso.

ETA'	MASCHI	FEMMINE
Anni	Kcal/giorno	Kcal/giorno
3	1.162-1.699	1.111-1651
3,5	1.203-1.739	1.098-1.629
4,5	1.296-1863	1.209-1.784
5,5	1.401-2.027	1.310-1.932
6,5	1.529-2.226	1.375-2.038

Tabella 1

Indicazione di un range di valori di fabbisogno energetico per bambini da 3 a 6,5 anni nei due sessi.

ETA'	MASCHI			FEMMINE		
Anni	Peso Minimo (Kg)	Peso Massimo (Kg)	Energia (kcal/kg)	Peso Minimo (kg)	Peso Massimo (kg)	Energia (kcal/kg)
3	12,1	17,7	96	11,6	17,2	96
3,5	12,8	18,5	94	12,2	18,1	90
4,5	14,4	20,7	90	13,9	20,5	87
5,5	16,1	23,3	87	15,6	23,0	84
6,5	18,2	26,5	84	17,4	25,8	79

Tabella 2

Stima dei fabbisogni giornalieri di energia e nutrienti per bambini da 3 a 6,5 anni in funzione del sesso e del peso corporeo.

Come si può notare in rapporto al peso corporeo il fabbisogno energetico decresce passando da 96 kcal/kg/die in entrambi i sessi a 3 anni a 84 kcal/kg/die nella femmina a 6 anni di età. Le tabelle sono estratte dai LARN (livelli di assunzione raccomandati di energia e nutrienti per la popolazione italiana).

Il fabbisogno proteico passa da 1,43 g/kg di peso corporeo al giorno nel 3° anno (2 anni e mezzo), a 1,38 g/kg/die nel 4°anno (3 anni e mezzo), fino a 1,28 g/kg/die nel 7° anno di vita (6anni e mezzo).

Per una corretta distribuzione calorica giornaliera le proteine dovrebbero rappresentare il 10-15% delle kcal totali e circe il 50% delle proteine totali, inoltre, dovrebbe essere di origine vegetale. Le proteine animali, contenute in carne, pesce, latte e derivati, uova, infatti, pur possedendo un valore biologico superiore a quelle vegetali, sono spesso accompagnate da quote elevate di colesterolo e grassi saturi; al contrario, quelle di origine vegetale, presenti in cereali e legumi, sono prive di colesterolo, hanno un bassissimo tenore di grassi saturi e un buon contenuto di fibra alimentare.

ETA' (Anni)	PROTEINE (kcal totali)	LIPIDI (kcal totali)	GLUCIDI (kcal totali)
1-3	10-15%	30-35%	50-55%
3,5-6,5	10-15% di cui Animali: 50% Vegetali: 50%	25-30% di cui: Saturi: 10% Monoinsaturi: 12-13% Polinsaturi: 7-8% Colesterolo: 100 mg/ 1.000 kcal	55-60% di cui: Complessi: 80% Semplici: 20% Fibra (g)= 5- 10+età (anni)

Tabella 3

Scomposizione in nutrienti dell'apporto energetico giornaliero in funzione dell'età.

La quantità ottimale di carboidrati nella dieta, sia in età evolutiva che nell'adulto, non è facilmente definibile. I carboidrati sono considerati la fonte elettiva di energia (1 g di glucidi fornisce 4 kcal) perché la loro ossidazione produce energia e acqua. Anche le proteine sono nutrienti energetici, infatti 1g di proteine fornisce 4 kcal, con l formazione, però, di scorie azotate, tossiche per l'organismo, da eliminare attraverso l'urina.

L'essenzialità del glucosio quale fonte energetica e l'adesione alle raccomandazioni relative ai fabbisogni in proteine e lipidi portano la quota energetica fornita dai carboidrati tra il 55 e il 65% delle kcal totali giornaliere. In ogni caso una dieta ipoglucidica è da sconsigliare caldamente in età evolutiva perché comporta un accumulo di corpi chetonici, un eccessivo catabolismo delle proteine tessutali e una perdita di cationi, in modo particolare di sodio. L'apporto di carboidrati dovrebbe essere prevalentemente a carico dei complessi, rappresentando l'80% dei glucidi, di cui sono ricchi gli alimenti amidacei come pane e derivati, pasta, riso, cereali e patate. Al contrario, si dovrà evitare un uso eccessivo di zuccheri rappresentati da monosaccaridi (glucosio, fruttosio, galattosio) e disaccaridi (saccarosio, lattosio, maltosio) contenuti, oltre che nel normale zucchero da cucina, anche in frutta, latte, bevande dolcificate, succhi di frutta, verdure, patate e nei prodotti dolciari derivati. I glucidi semplici determinano un rapido picco della glicemia favorendo iperincrezione insulinica. Ciò ha come effetti una più precoce comparsa del senso della fame e, nel tempo, lo sviluppo di resistenza all'insulina e quindi intolleranza glucidica. I glucidi semplici, oltre ad aumentare la densità energetica della dieta e a svolgere un possibile ruolo nella comparsa a lungo termine di intolleranza glucidica e diabete, sono un fattore di rischio riconosciuto per le carie dentale. Poiché la dieta in età prescolare e scolare è generalmente più ricca di zuccheri semplici di quella in età adulta, in relazione al più elevato consumo degli alimenti sopra elencati, può essere accettabile in questa fascia di età una presenza di carboidrati semplici fino al 15-16% dell'energia totale giornaliera.

Pur non potendosi considerare un nutriente, la fibra alimentare esercita effetti di tipo funzionale e metabolico che la fanno ritenere un'importante componente della dieta. Un livello di assunzione di fibra auspicabile in età pediatrica può essere così calcolato: età anagrafica in anni + 5 $\leq$ fibra $\leq$ età anagrafica in anni +10 dove la quantità di fibra risulta espressa in g/die.

Questa indicazione ha un rapporto costante, questo dipende dal fatto che le fibre alimentari, sia solubili che insolubili, aumentano il senso di sazietà e diminuiscono la densità energetica dei cibi riducendo l'assunzione calorica, potendo così compromettere l'accrescimento del bambino.

I lipidi sono un'ottima fonte energetica utile quando l'organismo è in una fase anabolicamente attiva come l'accrescimento, in cui il dispendio energetico è elevato. Contribuiscono significativamente al senso di palatabilità, favoriscono il senso di sazietà e l'assorbimento delle vitamine liposolubili (A, D, E, K).

Infatti, apporto lipidico consigliato dal terzo anno di vita fino all'adolescenza è del 30% dell'energia totale giornaliera; un basso apporto lipidico è caldamente sconsigliato fino all'età adulta.

Oltre all'aspetto quantitativo è necessario prestare attenzione all'aspetto qualitativo dei grassi alimentari, limitando il consumo di grassi saturi (presenti soprattutto negli alimenti di origine animale) e preferendo quelli insaturi, polinsaturi e monoinsaturi, contenuti principalmente negli alimenti di origine vegetale.

Alcuni grassi polinsaturi sono definiti "essenziali" in quanto l'uomo, non essendo in grado di sintetizzarli, deve necessariamente introdurli con l'alimentazione.

L'assunzione di colesterolo nell'età evolutiva è in funzione dell'apporto energetico totale e dovrebbe essere inferiore a 100 mg/1.000 kcal/die. Un apporto più elevato sarebbe un indice di eccessivo consumo di grassi, prevalentemente saturi; infatti, il colesterolo è presente solo nei cibi di origine animale.

L'acqua può essere considerata un nutriente, perché, sebbene non fornisca calorie, è un elemento fondamentale per tutti gli organismi viventi. In particolare, è indispensabile per il buon funzionamento di tutti gli apparati, organi e cellule; senz'acqua non potrebbero avvenire gli scambi tra cellule e l'ambiente esterno e si bloccherebbero tutte le reazioni biochimiche dell'organismo. Nell'accrescimento, pertanto, l'acqua è, a maggior ragione, un componente essenziale dell'organismo, basti pensare che costituisce il 79% del peso corporeo del neonato. Dalla nascita fino a 6 anni il fabbisogno idrico in funzione del peso corporeo diminuisce passando da 100-150 ml/kg/die a 80-100 ml/kg/die, ma aumenta come valore assoluto avvicinandosi progressivamente verso quello adulto (2.000-2.500 ml/die). Quest'apporto giornaliero è necessario per mantenere in equilibrio il bilancio idrico: le entrate sono rappresentate dall'acqua introdotta con le bevande e da quella contenuta negli alimenti; costituisce circa il 90% del latte, della frutta e dei vegetali in genere, circa il 60-70% dei cibi solidi (pane, pasta, carne ecc..); le uscite sono rappresentate dalle perdite di acqua sotto forma di urina, feci, sudore e respirazione.

Il Bilancio idrico può diventare negativo non solo se l'apporto idrico è insufficiente, ma anche quando le perdite aumentano (eccessiva sudorazione, diarrea, vomito), la capacità renale di concentrazione si riduce e la dieta comporta un elevato carico di saluti (ad esempio, eccesso di sodio).

ETA' (anni)	PESO CORPOREO MEDIO (kg)	ACQUA PER KG DI PESO NELLE 24 ORE (ml)	ACQUA TOTALE /DIE (ml)
2	12,4	100-125	1.250-1.550
4	16,7	85-110	1.400-1.850
6	21	80-100	1.700-2.100

Tabella 4

Fabbisogno di acqua nei bambini da 2 a 6 anni.

I Sali minerali e le vitamine sono importanti per la crescita del bambino.

4.2 LA GIORNATA ALIMENTARE

In età prescolare la giornata alimentare del bambino dovrebbe già essere organizzata su 4-5 pasti; se il bambino ha ancora un modo di alimentarsi frammentario e disordinato dovrebbe essere stimolato a questo obiettivo. Nella tabella che segue si riporta la ripartizione energetica consigliata nell'arco della giornata.

COLAZIONE oppure	20% delle kcal totali giornaliere
COLAZIONE	15% + spuntino del mattino 5%

PRANZO	40% delle kcal totali giornaliere
MERENDA	10% delle kcal totali giornaliere
CENA	30% delle kcal totali giornaliere

Tabella 5

Suddivisione dell'apporto energetico giornaliero

Colazione

La prima colazione è a tutti gli effetti un pasto principale: se fosse possibile, il bambino dovrebbe consumarla con calma, seduto a tavola, insieme alla famiglia. La presenza di altri familiari che condividono il pasto è fondamentale; la solitudine al mattino non stimola la fame, soprattutto quando si è ancora assopiti e si avrebbe bisogno di una sferzata di energia. Per la maggior parte dei bambini devono trascorrere almeno 30 minuti dal risveglio prima che avvertano la sensazione della fame e provino davvero piacere nel consumare la colazione. Educare a queste abitudini i bambini in età prescolare si rileverà un grande vantaggio quando nelle età successive (scolare e adolescenziale) il ragazzo/a avrà maggiormente la tendenza a saltare la prima colazione.

La colazione è il pasto del mattino che interrompe il digiuno notturno e rifornisce l'organismo del supporto energetico necessario alla ripresa delle attività fisico-psichiche. Un'adeguata colazione determina un picco glicemico in grado di mantenere la glicemia costante nell'arco della mattina, prevenendo il conseguente eccessivo consumo di snack per placare la fame nelle ore successive della giornata.

E' stato ampiamente dimostrato che, in età prescolare e scolare, una prima colazione nutrizionalmente adeguata e facilmente digeribile favorisce l capacità di attenzione e di concentrazione, migliorando l'apprendimento e il tono dell'umore.

Un buon apporto di glucidi complessi e semplici, una discreta quota proteica e una piccola quantità di grassi costituiscono la composizione nutrizionale ideale per una prima colazione.

Spuntino del mattino

Se la colazione è abbondante o se non trascorrono più di 3-4 ore tra la colazione e il pranzo, lo spuntino del mattino non sarebbe necessario; tuttavia, visto che la maggior parte dei bambini non riesce a consumare una prima colazione completa, trascurando spesso il gruppo "frutta", in molte scuole dell'infanzia si riprende l'abitudine, già introdotta nell'asilo nido, di anticipare la porzione di frutta del pranzo come spuntino della mattina.

Lo spuntino serve principalmente come piccolo rifornimento di zuccheri per prevenire o correggere i segni dell'ipoglicemia (difficoltà di applicazione, stanchezza, irritabilità) che possono manifestarsi a metà mattina, soprattutto dopo un'intensa attività fisica (giocare all'aria aperta, correre ecc.…)

Pranzo

Il pranzo deve rappresentare il pasto principale della giornata fornendo il 35-40% delle kcal totali giornaliere.

Indicativamente può essere costituito seguendo due possibili schemi:

- primo piatto asciutto o in brodo + secondo piatto + verdure + pane + frutta;
- piatto unico + verdure fresche e/o cotte + pane + frutta.

Qualsiasi piatto unico venga scelto e consumato è completo da un punto di vista nutrizionale e richiede solo l'integrazione di pane e verdura. Il consumo del secondo piatto diventa così un'abitudine che una reale necessità nutrizionale.

Merenda

La merenda deve essere occasione più per un momento di riposo, dopo il gioco o l'attività all'ria aperta, che per un vero e proprio pasto.

"Merenda" non è sinonimo di "merendine", tanto pubblicizzate e amate dai bambini. Certo, possono essere un'alternativa ad altre merende, ma il consumo dovrebbe essere occasionale (1-2 volte/settimana).

Le considerazioni sullo spuntino di metà mattina sono valide anche per la merenda pomeridiana: sono da preferire gli alimenti leggeri, facili da digerire e a elevato contenuto di carboidrati, sia semplici che complessi[13]. L'ideale sarebbe associare un alimento ricco di amidi e uno a prevalenza di zuccheri semplici, ad esempio, pane e marmellata, yogurt e cereali, latte e fette biscottate ecc..

Cena

E' diventato il pasto principale o meglio l'unico pasto condiviso dalla famiglia riunita, motivo per cui ha acquistato una posizione di rilievo nelle abitudini domestiche.

La cena è certamente un pasto importante, ma troppo spesso, per gli adulti, si trasforma in una serie di portate ricche e abbondanti, soprattutto quando il pranzo è stato consumato in fretta e in modo frugale per impegni lavorativi.

Il bambino apprezza questa varietà di cibi; spesso consuma il cibo preparato per lui, poi 1-2 ore più tardi assaggia con piacere quello dei genitori. Ma in questo modo, come per gli adulti, il rischio è di mangiare eccessivamente e di prolungare la digestione.

[13] I carboidrati semplici riescono a fornire energia pronta da impiegare, perché l'organismo riesce a scinderli con immediata facilità. Tali alimenti vengono classificati come iperglicemici. I carboidrati complessi, sono invece composti da amidi e fibre alimentari, hanno una struttura chimica più complessa ed è per questo che l'organismo impiega più energia e una quantità di tempo maggiore per digerirli e scinderli.

In realtà, la cena dovrebbe fornire il 30-35% delle kcal totali giornaliere, cioè un apporto calorico inferiore rispetto al pranzo e sarebbero da evitare le preparazioni che richiedono una lunga digestione e porzioni troppo abbondanti, poiché potrebbero interferire con il riposo notturno. Sarebbero da preferire, invece, alimenti con un discreto contenuto in proteine (che avrebbero un'azione "calmante" sul cervello) e un ridotto apporto di carboidrati e grassi; infatti, a fine giornata la richiesta energetica diminuisce in funzione della progressiva riduzione dell'attività fisica.

4.3 COME LEGGERE E INTERPRETARE L'ETICHETTATURA DEI PRODOTTI ALIMENTARI

Pochi e semplici suggerimenti per fare la spesa in modo consapevole:

- leggere sempre l'etichetta presente sui prodotti confezionati, con particolare attenzione alla data di scadenza, alle temperature e alle modalità di conservazione;
- se si sceglie un prodotto in scatola controllare che la confezione sia integra;
- se si acquistano prodotti sfusi controllare che abbiano un'adeguata protezione verso insetti, contatti o manipolazioni del pubblico.

L'etichettatura del prodotto fornisce una serie di informazioni relative al contenuto della confezione, in particolare:

- la denominazione esatta del prodotto;
- gli ingredienti (elencati in ordine decrescente per quantità);
- gli additivi presenti nel prodotto, segnalati con il loro nome o con la sigla europea[14];

[14] Quando nell'etichetta di un prodotto si trova la lettera "E" seguita da un numero, ad esempio E212, significa che quel prodotto contiene un additivo o un colorante autorizzato dall'Unione Europea. Le sigle da E100 a E199 identificano in particolare i coloranti, mentre quelle che vanno da E200 in su si usano per identificare altri tipi di additivi. chimica più

- la quantità netta e, in caso di conserve in un liquido (acqua, aceto, salamoia), il peso sgocciolato;
- le modalità di conservazione, di consumo e la data di scadenza;
- il nome del produttore o distribuzione e il luogo di produzione o di confezionamento;
- un codice che consente di identificare il lotto di appartenenza del prodotto in caso di merce difettosa.

L'etichetta permette anche di valutare la quantità globale del prodotto al fine di:

- identificare ed evitare gli ingredienti che possono causare intolleranze[15] o allergie[16] in soggetti sensibili;
- capire, dall'elenco degli ingredienti in ordine decrescente, se il rapporto tra qualità e prezzo è favorevole;
- valutare il contenuto nutrizionale di un alimento in base ai propri bisogni dietetici e fisiologici.

Sul prodotto può essere presente l'etichettatura nutrizionale, ancora facoltativa per gli alimenti di uso comune, ma obbligatoria per prodotti destinati alla prima infanzia, agli sportivi o a soggetti affetti da particolari patologie (celiachia, diabete, allergie ecc...) per cui si parla di "prodotti dietetici".

complessa ed è per questo che l'organismo impiega più energia e una quantità di tempo maggiore per digerirli e scinderli.

[15] Le intolleranze derivano dall'impossibilità dell'organismo di digerire un dato alimento, a causa di difetti metabolici che possono essere causati dallo stile di vita (scarsa masticazione, errate combinazioni alimentari, ecc.)

[16] L'allergia alimentare è una reazione abnorme ed immediata verso un alimento scatenata dal sistema immunitario. Più in dettaglio, il sistema immunitario produce un anticorpo IgE verso un dato alimento. In alcuni casi, l'allergia alimentare può causare una malattia seria e la morte.

Per "etichettatura nutrizionale" si intende una dichiarazione riportata sulla confezione riferita l valore nutrizionale di 100 g e/o alla porzione dell'alimento, cioè il suo contenuto di: energia, proteine, carboidrati, grassi, fibra, vitamine, sali minerali.

Per "informazione nutrizionale" si intende una descrizione e un messaggio pubblicitario che comunica particolari caratteristiche nutrizionali dell'alimento. Viene spesso utilizzata per alimenti "fortificati" dove cioè sono stati aggiunti nutrienti o micronutrienti (ad esempio, arricchiti in calcio, ferro, vitamina $B_{12,}$ ricco in fibra, ricco in Ω_3) o per quelli "light" dove il valore energetico del prodotto è inferiore rispetto a uno simile tradizionale (ad esempio, "senza zuccheri aggiunti", "senza zucchero", "a ridotto contenuto di grassi e/o colesterolo" ecc...)

4.4 MANGIARE A SCUOLA

Quando si parla di ristorazione scolastica istintivamente viene in mente il termine "mensa", a cui si attribuisce spesso una connotazione negativa. Negli ultimi decenni, però, la mensa scolastica ha subito profondi e sostanziali cambiamenti. E' in grado di offrire cibo di qualità, preparato con cura e nel rispetto delle norme igieniche, soprattutto quando gli utenti sono i bambini. Non più mensa, ma servizio di ristorazione scolastica con attenta formulazione dei menu che garantiscono equilibrio nutrizionale e varietà, elaborati da cuochi e proposti in piatti gustosi.

In sostanza, la ristorazione scolastica ha come obiettivo il raggiungimento della "qualità totale" del pasto in termini di:

- sicurezza igienico-nutrizionale;
- promozioni di abitudini alimentari corrette;
- soddisfazione dell'utenza.

La sicurezza igienico-nutrizionale nella produzione del pasto scolastico

Nella ristorazione scolastica sono presenti diverse modalità di erogazione, la cui conoscenza è importante per la valutazione della qualità del servizio. In alcune realtà i pasti vengono prodotti direttamente nella cucina della scuola, mentre in altre la produzione è centralizzata e i pasti vengono trasportati dai centri di produzione ai terminali di consumo, le scuole, solitamente con la modalità di "legame caldo", cioè i pasti, immediatamente dopo la cottura, vengono confezionati temperatura non inferiore a 65° C e trasportati ai terminali di distribuzione in contenitori isotermici. Questi contenitori sono realizzati in materiale simil-polistirolo, in modo che la temperatura del cibo, durante la conservazione e soprattutto al momento del consumo, non sia scesa sotto i 60° C. L'intervallo di tempo tra il confezionamento e il consumo dei pasti non dovrebbe comunque superare la 2 ore.

L'adeguamento al Sistema HACCP[17] da parte delle aziende di ristorazione e di tutte le strutture coinvolte nella manipolazione del cibo ha migliorato sensibilmente l'approccio alle problematiche igieniche. Anche la scelta dei piatti presenti nel menu è conseguente al rispetto di queste normative.

L'adozione di alimenti certificati provenienti da coltivazione biologica[18] è diventato un indicatore di qualità tra i più significativi del servizio di ristorazione scolastica, anche perché l'adesione al prodotto biologico[19] si inserisce, di norma, in un contesto di scelte etiche e nutrizionali che coinvolgono non solo gli enti comunali, erogatori del servizio, ma strategie politiche promosse e condivise dagli organi governativi (europei, regionali e

---

[17] Hazard Analysis Critical Control Point, cioè Sistema di analisi dei pericoli e dei punti di controllo critici.

[18] La coltivazione Biologica prevede l'utilizzo di concimi organici (letame) o vegetali o misti (sovescio o composta), la difesa dai parassiti viene attuata ricorrendo a organismi utili (insetti loro predatori, rane, coccinelle, rondini ecc....)

[19] Legge 23 dicembre 1999 n. 488 dell'art. 59 sancisce l'ingresso degli alimenti da produzioni agricole biologiche nelle mense scolastiche.

provinciali), con ricadute sui consumi e sulle abitudini alimentari del bambino e della famiglia.

Spesso l'introduzione e la promozione dei prodotti da agricoltura biologica nella refezione scolastica si accompagna a specifiche attività di informazione e di educazione alimentare nella scuola con il coinvolgimento delle famiglie.

Inoltre, l'ingresso di questi "nuovi" cibi nel menu scolastico è spesso accompagnato da revisioni dello stesso che comportano un minore presenza di proteine di origine animale rispetto un menu tradizionale, per incentivare un maggior consumo di verdure, frutta, legumi, cereali integrali e pesce.

La promozione di abitudini alimentari corrette: la valenza educativa del menu scolastico

Il momento del pasto a scuola deve essere vissuto non solo come un momento educativo per acquisire un sano modello alimentare, ma anche come una piacevole opportunità di condivisione e crescita collettiva. Rimane comunque sempre un'occasione collettiva dove il bambino può confrontarsi e condividere la propria cultura alimentare e i propri gusti con quelli degli altri utenti (coetanei e insegnanti), lasciando in secondo piano le abitudini e le preferenze individuali. All'interno di questa prospettiva conviviale, il momento del pasto a scuola dovrebbe favorire "l'esperienza alimentare" del bambino; spesso i bambini vengono in contatto, per la prima volt, con alcuni alimenti proprio a scuola. Il menu scolastico infatti è un modello nutrizionale che può proporre cibi e preparazioni in contrasto con le abitudini alimentari familiari. Quest'opportunità di scoprire e sperimentare nuovi alimenti arricchisce Il panorama alimentare del bambino, spesso già ristretto da comportamenti neofobici e da "consuetudini" domestiche.

Inoltre, non dimentichiamo che nella giornata alimentare del bambino i pasti a scuola assumono un'importanza rilevante nella copertura dei fabbisogni nutrizionali (circa il 50%) e se pensiamo che un bambino di 3-6 anni trascorre

5 giorni alla settimana, per circa 10 mesi ogni anno, alla scuola dell'infanzia, i pasti consumati in ambiente scolastico diventano rilevanti per la crescita e lo stato nutrizionale del bambino. Quindi è fondamentale che i piccoli utenti del servizio di ristorazione scolastica possano fruire di un rapporto di sostanze nutritive, con il pranzo e la merenda, rispondente sia per qualità che per quantità alle loro esigenze fisiologiche.

La valenza educativo-pedagogica del pasto a scuola

L'esperienza del pasto a scuola è importante per far acquisire al bambino il concetto di condivisione e di convivialità, cioè l'aspetto piacevole del consumo del cibo e la valenza sociale del "mangiare".

Con l'ingresso nella scuola dell'infanzia, infatti, il bambino sposta la visione dell'alimentazione da momento "privato" a momento "sociale", dove il consumo del pasto fuori casa avviene in condivisione. Quindi, a maggior ragione, l'ambiente "mensa" dovrebbe essere accoglienta e confortevole per mettere a proprio agio i bambini che si accingono una nuova esperienza, per rassicurarli e per sviluppare l'autonomia. In coerenza con lo spirito della scuola dell'infanzia anche a tavola può essere previsto il gioco: simbolico[20], di finzione, giochi sui colori, odori, sapori e manipolazione del cibo.

Un altro valore educativo che si può trasmettere ai bambini a scuola è l'abitudine stare seduti a tavola e a consumare il pasto insieme ai compagni.

[20] Viene chiamato "simbolico" perché è caratterizzato da un processo di significazione indiretta, tipico di tutte le manifestazioni simboliche: qualcosa viene utilizzato per significare, rappresentare qualcos'altro.
I bambini sono in grado di compiere imitazioni differite, cioè di rappresentare azioni passate dei quali sono stati testimoni

4.5 L'ALIMENTAZIONE E'… COMUNICAZIONE

I cibi ed i comportamenti alimentari che si registrano nel tempo, traggono origine dal "significato" che nelle varie fasi della vita viene dato all'azione del mangiare. Il cibo, è ormai riconosciuto, non ha solo un valore nutritivo, ma anche un valore psicologico e sociale.

Quel che si mangia vuol dire non soltanto in modo concreto condizioni materiali ma anche elementi di affettività, di relazione umana. Il modo con cui affrontiamo il problema dell'alimentazione, ed in particolare le paure, sono insite e hanno origine nell'infanzia: il cibo fin dalla nascita assume un notevole significato che va oltre l'azione del mangiare; il neonato e poi il bambino "sente" che le persone che si prendono cura di lui non sono indifferenti al cibo che assume e molto presto scopre che il suo modo di alimentarsi può diventare strumento di potere nei confronti degli adulti. La preoccupazione occulta o manifesta degli adulti (mamma, nonna, zia…) perché il bambino mangia poco o troppo, la gioia perché ha mangiato seguendo le regole che loro hanno fissato, sono le premesse per caricare l'alimentazione di un altro "significato", quello affettivo- relazionale che si aggiunge al valore dietetico-nutrizionale. Il bambino che percepisce che il suo alimentarsi ha effetto sugli adulti utilizza il suo potere quando decide di dichiarare "guerra" a chi gli sta accanto o vuole ottenere qualcosa.

Questa può essere la genesi delle problematiche che investono l'alimentazione in cui essa non ha più il solo significato di nutrire il corpo ma anche quella di stabilire un rapporto, una comunicazione. Questo fenomeno che ha inizio in una età molto precoce continua nell'età evolutiva e se i problemi relazionali, le comunicazioni conflittuali non si risolvono, rimangono sotterranei, occulti, non dichiarati; è possibile che si giunga a comportamenti alimentari scorretti.

Nelle mode alimentari la presenza degli altri e le relative risposte sono molto importanti, basti pensare al significato simbolico del "mangiare insieme" o del "mangiare con qualcuno" nei clubs, nelle associazioni, al contrario dell'espressione linguistica descrive una situazione totalmente opposta "non ho mai mangiato con te" in cui il messaggio occulto anche se dominante è "non abbiamo nulla da condividere". Nel rapporto con il cibo oltre la risposta degli altri vi è qualcosa di più profondo: il rapporto con il proprio sé.

Se una persona ha difficoltà nell'accettarsi, se ha un cattivo rapporto con se stessa è molto difficile che possa sentirsi accettata dagli altri. La persona che non si accetta mette in atto un dinamismo affettivo singolare: chiede conferme agli altri in modo continuo, ripetitivo e persino eccessivo. Basti pensare all'adolescente, che non si accetta e che mette in discussione il proprio corpo per le trasformazioni rapide ed evidenti, sente il bisogno di essere nutrita affettivamente, di essere accarezzata e per ottenere ciò farà in modo che il proprio fisico abbia quelle dimensioni che sono di moda nella società in cui vive e farà qualsiasi sforzo per omologarsi a quei "modelli". Il valore estetico è più importante della salute del corpo, poiché il primo che colma l'inadeguatezza, l'insicurezza, la non accettazione di sé e degli altri.

Le mode placano ma non risolvono le inquietudini. Spesso nel non accettare il proprio corpo c'è anche la non accettazione della propria persona, questa difficoltà nei confronti del proprio Io e del mondo può portare a forme patologiche a livello di autopunizione e autodistruzione.

L'arcaica minaccia che il bambino lanciava ai genitori riguardo il cibo per dimostrare il diritto di esistere, di essere riconosciuto, di avere un potere può essere rivolto a se stesso. L'adolescente si sdoppia in modo doloroso sfidando se stesso. E' un gioco sottile, pericoloso, è il "tiro alla fune" in cui il protagonista dichiara di "volere" e di non "potere". Le diete vengono cominciate ma mai finite, ad un prolungato digiuno segue un'assunzione smodata di cibo. L'ansia, la rabbia, l'inquietudine vengono sedate mangiando voracemente.

L'alimentazione segue i conflitti interni della persona che, non riconciliata con se stessa, sente minacciosa le presenze esterne. L'alimentazione è sempre presente come tutte le altre volte o nelle altre circostanze in cui i problemi personali non sono stati risolti.

CONCLUSIONI

Il percorso educativo sull'alimentazione intende avvicinare i bambini alla tematica dell'alimentazione, in modo completo e con un approccio globale, adatto alla didattica nella scuola dell'infanzia.

"Al fine di ottenere un cambiamento nel comportamento alimentare, non serve solamente valorizzare le proprietà nutrizionali di un alimento e dei suoi riflessi sulla salute, ma anche superare le diffidenze tipiche di ogni bambino nei confronti di ciò che non conosce.

Sul piano educativo si possono fare delle considerazioni per trarre alcune conclusioni. La prima constatazione, la più ovvia, è che l'alimentazione non è solo nutrizione ma riguarda anche la salute relazionale, affettiva, poiché oltre al corpo si alimenta un rapporto che tende a riprodursi nel tempo.

La seconda constatazione riguarda la separazione delle emozioni, dei sentimenti dagli alimenti fisici. In altre parole, il bambino che ha bisogno di essere seguito, accarezzato, riconosciuto non è necessario che faccia ricorso al cibo rifiutandolo ostinatamente. Dall'altra parte l'adulto per gratificare il bambino non è necessario che ricorra solo al cibo o al momento in cui mangia. Se ciò avviene significa che egli è stato svalutato nella sua identità di persona.

La moda alimentare può, dunque, rappresentare il vertice estremo di una piramide di comportamenti che può rimanere innocua curiosità nella persona che ha una sua forte identità ma può trasformarsi in ossessione, attrazione per chi affida l'accettazione di sé agli altri, all'imitazione di modelli che riscuotono successo. Per concludere, si può affermare che "l'alimentazione sana garantisce salute alla persona" è questa una convinzione comune. Si può aggiungere un valore educativo a questa frase e affermare che "la salute effettiva, relazionale con l'accettazione di sé e degli altri garantisce una sana alimentazione che restituirà alla persona un ulteriore benessere".

BIBLIOGRAFIA

S. Amarri P. Pedrazzi (2006) *Piccolo Manuale di Educazione Alimentare,* Carocci Editore S.p.a. Roma.

B. Scarpa R. Copparoni (1998) *Educazione Alimentare,* Di Renzo Editore Roma, Collana Sanità.

Istituto Nazionale di Ricerca per gli Alimenti e la Nutrizione (2000) *Composizione degli Alimenti*, Edra, Milano.

Cairella M. Cassola M. Godi R. *Sovrappeso, obesità, salute*, S.E. Universo, 1991.

Rapporto finale sulla Conferenza Internazionale sulla Nutrizione. Roma, 1992. FAO/OMS. *Dichiarazione mondiale sulla nutrizione.*

Istituto Nazionale di ricerca per gli alimenti e la nutrizione e ministero delle politiche agricole e Forestali (2003) *Linee guida per una sana alimentazione italiana.*

http://www.ministerodellasalute.it/

http://www.mangiosano.org/

http://www.inran.it/ (Istituto Nazionale di ricerca per gli alimenti e la nutrizione)

http://www.terranauta.it/

http://www.epicentro.iss.it/ (Il portale dell'epidemiologia per la sanità pubblica)

http://alimentazione-naturale.blogspot.it/ (Alimentazione Naturale)

www.ingramcontent.com/pod-product-compliance
Ingram Content Group UK Ltd.
Pitfield, Milton Keynes, MK11 3LW, UK
UKHW020232250726
13967UKWH00001B/329

9 781291 637724

The 32 Secret Paths of Solomon
A New Examination of the Qabbalah in Freemasonry

By Timothy W. Hogan
PM, 32* KCCH, KT, ROoS, FRC, PSM, S.I.I.

ISBN: 978-0-557-04610-2